Lèirmheasan

Tha Calum gar toirt gu siùbhlach agus gu h-eireachdail bho Alba gu sràidean Mhontreal agus Thoronto le iomadh car is cuairt, agus iomadach cuspair air a thogail, air an t-slighe. Tha a' chainnt eirmseach agus beachdail, gràdhach agus poilitigeach, cuid dhe na dàin stèidhte san traidisean bhàrdail Ghàidhealach agus cuid eile cho ùr-nòsach a thaobh cainnt agus stoidhle ri dàn ann an cànan sam bith. Tha ceòl na cainnt a' sruthadh bhon bhàrdachd aig Calum.
— Gillebrìde Mac 'IlleMhaoil

Tha mac-meanmna MhicLeòid a' siubhal thairis air machraichean 's eachdraidh na h-Alba, àrd-shràidean 's oiseanan an t-saoghail mhòir (gu h-àraidh Canada), agus ìomhaighean 's cleasan an eadar-lìn gus còd no ceòl no stiùireadh a lorg a nì ciall dhen t-saoghal timcheall oirnn. Bàrdachd shùbailte, gheur agus spòrsail a tha seo, guth a tha ùr, siùbhlach agus cudromach.
— Pàdraig MacAoidh

Bhon Phlateau dhan a' Chladach

Bhon Phlateau dhan a' Chladach

DÀIN

le

Calum L. MacLeòid

Clò a' Bhradain
Halafacs, Alba Nuadh
Canada

Chaidh *Bhon Phlateau dhan a' Chladach* fhoillseachadh an toiseach
le Clò a' Bhradain ann an 2019.

Clò a' Bhradain, Halafacs, Alba Nuadh, Canada
info@bradanpress.com | www.bradanpress.com

Chuidich Comhairle nan Leabhraichean am foillsichear le cosgaisean an leabhair seo.

© 2019 Calum L. MacLeòid
Dealbh a' chòmhdaich © 2019 Etta Moffatt
Dealbh an ùghdair © 2019 Calum L. MacLeòid

Gach còir glèidhte. Chan fhaodar cuid sam bith dhen leabhar seo ath-nochdadh, a thasgadh ann an co-rian lorg no a chraobh-sgaoileadh, ann an cruth sam bith no air mhodh sam bith, dealantach, uidheamach no tro dhealbh lethbhric, clàraidh no eile, gun chead ro-làimh ann an sgrìobhadh bhon sgrìobhadair is bhon fhoillsichear.

Library and Archives Canada Cataloguing in Publication
Title: Bhon phlateau dhan a' chladach / dàin Calum L. MacLeòid.
Other titles: Poems. Selections
Names: MacLeòid, Calum L., author.
Description: Poems. | Text in Scottish Gaelic.
Identifiers: Canadiana (print) 20189068930 | Canadiana (ebook) 20189068949 | ISBN 9781988747279
 (softcover) | ISBN 9781988747286 (Kindle) | ISBN 9781988747293 (EPUB) | ISBN 9781988747309 (PDF)
Classification: LCC PB1648.M33 A6 2019 | DDC 891.6/314—dc23

CLÀR-INNSE

Ro-ràdh	xi
Dàin	1
Clach-bhleith	3
Stoirm	4
La Chasse-Galerie	5
Lochlannach	6
An tìgear glainne	7
Ceum	9
Tha mi air na GIFichean a choimhead	11
Sùilean gun aodann	13
Muc-mhara mharbh	14
Dlùth ri cliù	15
Bràistean dùra	17
Farewell	18
Eaglais ann an Salta	19
An oidhche a shiubhail Leonard Cohen	20
An t-eas beag	21
A' cheòlraidh	22
Òran ime	24
Marbhrann do dh'Iain F. Ceanadach	25
Cuairt òrain	26
Iolairean agus tairbh-allaidh	27
Ghearrainn dhìom an teanga seo	29
München	30

Eilean nan cuileagan	31
Rudeigin toibheumach, 's dòcha, ach glè nàdarra	32
Ceann goirt	33
An t-eilthireach deireannach	34
An sàr shaighdear Havel	36
Cnag na cùise	37
Leis nach eil mi nam laoch	38
An aghaidh mhòr a-rithist	39
Thusa anns an amar	41
Stiùiridhean	42
Cànan nan cnoc	45
Slàn	46
Ola feusaige	47
Lùths	48
Manifesto	49
Dàin Toronto	50
A' chiad latha	50
Niagara	50
Sràid na h-Eaglais	51
Bho thùr, gu tur	52
Am fàileadh	53
Àrd-togte	54
Àm fàgail	57
Geàrr	58
Na Fir Chlis agus Cupa Stanley	59
Bhon Phlateau dhan a' chladach	62
Mun Ùghdar	65

Airson Meadhbh, mo bhean is mo bhanrigh

RO-RÀDH

Thar nam bliadhnaichean tha tòrr dhaoine air cuideachadh a thoirt dhomh le mo chuid sgrìobhaidh agus tha mi airson iomradh beag a thoirt air cuid dhiubh.

Nochd na dàin a leanas anns na h-irisean agus na leabhraichean seo: "Ceum," "An aghaidh mhòr a-rithist," "Bràistean dùra," agus "Eilean nan cuileagan" (*Northwords Now* 30), "Lochlannach" (*Aiblins: New Scottish Political Poetry*, Luath Press, 2017), "An sàr shaighdear Havel" (*Tip Tap Flat: A View of Glasgow*, Freight Books, 2012), "Cuairt òrain" (*Struileag: Shore to Shore*, Polygon, 2015), "La Chasse-Galerie" (*Poblachd nam Bàrd* 4), "Clach-bhleith" (*Poblachd nam Bàrd* 5), agus "Farewell" (*404 Ink* 2). Bu toil leam taing a thoirt do gach sgioba deasachaidh.

Choisinn "Dlùth ri cliù" Duais Bàrdachd a' Chomuinn Oiseanaich agus nochd "Sùilean gun aodann" air geàrr-liosta Comórtas Filíochta an Choirnéil Eoghain Uí Néill.

Mo thaing cuideachd do Emily NicEòghainn aig Clò a' Bhradain airson an cruinneachadh seo fhoillseachadh agus an obair deasachaidh a bha na lùib.

Agus taing mhòr dhan a h-uile duine ann an Roinn na Gàidhlig aig Oilthigh Ghlaschu. 'S ann aig Oilthigh Ghlaschu a dh'fheuch mi ri bàrdachd anns a' Ghàidhlig a dhèanamh airson a' chiad uair. Fhuair mi taic shònraichte agus stiùireadh air leth bho Phàdraig MacAoidh mar phàirt de sgeama sgrìobhaidh oileanach a chuir Fiona Dunn agus Comhairle nan Leabhraichean air dòigh. Bu toil leam cuideachd taing a thoirt dhan sgioba air fad aig Comhairle nan Leabhraichean.

Tha sgrìobhadairean eile cuideachd air brosnachadh agus cuideachadh a thoirt dhomh thar nam bliadhnaichean agus bu toil leam taing a thoirt do Dhaibhidh Eyre, Iain F. MacLeòid, Gillebrìde Mac 'IlleMhaoil, Marcas Mac an Tuairneir agus Alison Lang.

Feumar cuideachd taing mhòr a thoirt dhan teaghlach air fad agam, agus gu h-àraid dha mo mhàthair. Tha mo dhithis bhràithrean agus mo phiuthar cuideachd air an t-uabhas cuideachaidh a thoirt dhomh le mo chuid Gàidhlig thar nam bliadhnaichean.

Agus mu dheireadh thall, feumaidh mi taing mhòr a thoirt dha mo bhean, Meadhbh, agus ar nighean, Catrìona Bheag. Às aonais an dithis agaibh cha bhiodh adhbhar seinn agam.

Calum L. MacLeòid
Montréal
An t-Sultain 2018

DÀIN

Clach-bhleith

Nuair a dh'ith Rì Suibhne feur
is duilleagan, mar gun robh e
air gabhail ro litireil ri abairt Phàdraig
Geddes—*by leaves we live*—
feumaidh cuideachd gun do shluig e
molagan is ùir còmhla ris
a thràth uaine.

Sgapadh an ùir troimhe
is cinnteach, ach ar leam gun glacadh
na clachan beaga na ghiaban
agus an sin gun cuidicheadh
iad an Rì le a chnàmh.

Is mise na molagan,
am broinn Rì cracte
air mo bhogadh ann an sùgh
meirbheach is searbhag
agus air mo chuairteachadh
le cnapan lòin cnuasaichte

Is mi, mean air mhean gam bhleith
agus a' fàs lìomhte san iomairt.

Stoirm

Dealanaich cha mhòr às aonais
tàirneanaich, a' priobadh
gach diog, uair agus a-rithist
agus a-rithist agus a-rithist
agus na neòil uile air an lìonadh
's a' tionndadh bho dhubh nam poll gu geal nan cnàmh
Chan fhaca mi a leithid rim bheò a ghràidh.

Thusa nad laighe, taic na h-uinneige
rùisgte ach airson na solais sin a' bualadh ort
nar seòmar dorcha.
'S e tìr bheanntan agus ghleanntan a th' annad
muir gàbhach, cunnartach
d' anail a' togail stoirm annad
cìochan, asnaichean, cruachain, glùinean
barran is sgorran.
Cha do dhùisg
na siotaichean solais air a' mhuir àlach thu
is cha do dhùisg mise thu a bharrachd.

A-nis tha an tuil air tighinn,
thusa air falbh a chluiche
àiteigin
am measg an stoirm
mise gun fhasgadh
's mo bhàta a' dol fodha.

Leig leam a dhol fodha
nad stoirm a ghràidh.

La Chasse-Galerie

Gach dàrna oidhche thig na làraidhean-fuighlich,
a' seòladh suas Rue Chateaubriand;
na gillean ag èigheach
ann am Fraingis na sgìre
agus a' fuadachadh
gach pìos trealaiche a bh' agam.

'S e m' uachdaran a phàigheas
na cìsean a phàigheas
air an son is tha sin a' còrdadh rium
dìreach glan.

An-diugh ge-tà dh'fhàs mi
anacrach is an-fhoiseil,
nuair a mhothaich mi
na sràidean cho rèidh is cho còmhnard;
na loidhnichean dìreach 's na sràidean cho glan.

Lochlannach

Ghabh mi comhairle na feannaige.
Thàinig mi air druim uilebheist.
Cha do chuir achadh nam mucan-mara bacadh orm.
Dheasaich mi teicneòlas is fìor iarann.
Dh'fhàs mo chalpannan fuilteach.
Leasaich mi laghan iomchaidh.
Rinn mi iolairean à gealtairean.
Theasaich mi mac-meanmainn
Le taisbeanadh dathteach ùr.
'S ann aca a bha an taghadh fad an t-siubhail
Is far an robh daoine tartmhor
Dh'òl iad.

Aon latha
Bidh ainmean cèine aca orm
Càinidh daoine cràbhach mi
Ach fada às dèidh dhomh a bhith siubhal
Agus iad a' fuireachd gu dòigheil
Agus iad a' fuireachd gu sìtheil
Agus iad a' fuireachd gu cùramach
Lìonaidh fhathast ìomhaigh
Mo chairbh chaithte leònte
An cridheachan glasa le miann-feòla.

An tìgear glainne

Mar fhaileas, mar aisling, mar thamhasg,
bodhaig sheang, thaitneach, deònach is acrach,
teine neo-dhathte drilseach a' deàrrsadh
am measg nan Oighreachdan Taibhse
a' gluasad mar airgead-beò
a' sruthadh thar seann chreagan,
an tìgear glainne.

On a' chiad dol a-mach, cha do mhothaich
duine dha, nuair a leum e às a' chuan,
agus a thàinig e gu tìr anns a' bheàrn
eadar banca fosgailte agus leabharlann dùinte
a' bruidhinn Beurla D4 agus a' crathadh bhuaithe
stiùir is sradagan cho aotrom ri geallaidhean.

Thog a chlann, iadsan nach deach ithe,
ìomhaighean dheth, tùir ghlainne,
anns gach cathair den rìoghachd,
anns an do chòcairich an luchd-obrach,
is far an deach an caitheamh.

An tìgear, ag ithe a chlann fhèin
agus a' fàgail às a dhèidh na lorg
riadhan pùdair geala, pùdar nan cnàmhan,
coicèan is salann is aol.

Gus an tàinig an Staing.
Ach dh'aontaich a h-uile mac màthar
gur e beathach cunnartach a bh' ann an tìgear
gu h-àraid tìgear os-nàdarra
agus gur e stuth brisg a bh' ann an glainne.

Gheall a chlann gun deach a mharbhadh
agus gun robh a bhian mar-thà ri fhaicinn
anns an taigh-thasgaidh nàiseanta.

Dhealbh iad bròn-chluich mu dheidhinn,
agus thug sin togail bheag dhuinn uile.

Agus chreid sinn uile iad,
nuair a thuirt iad nach b' urrainn dha tilleadh,
ged nach do leag iad na h-ìomhaighean
a thog iad dha, agus ged nach do thill iad
na prèasantan a bhuannaich e dhaibh,
air no thuig sinn gum b' e breug a bh' ann.

Agus a-nis, a' coiseachd nan tùr glainne
cho trang is cho soirbheachail agus cho sàbhailte
uaireannan, agus a' ghrian a' dol fodha
gheibh thu sealladh de rudeigin striopach
a' gluasad eadar na h-uinneagan agus na sràidean
mar fhaileas, mar aisling, mar thamhasg,
agus acras uabhasach air fhathast.

Ceum

cùm ceum dlùth rium thuirt mi riut
a' tilleadh bhon uaimh
far an do dh'fhàg sinn ar mac-talla
is beagan duslaich
a' rèiteachadh mo bhriogais
an dithist againn a-mach air Iain Garbh
agus JFK

Air ais 'ille
Air ais do Ratharsair
Air ais chun an taoibh tuath

oiteag a' crathadh muran a' mhachaire
air cùlaibh Shuidheachain
faidhle a' tuiteam à uinneag àrd

's ann an Eachdraidh a bha mi
a' cluinntinn mu Khristallnacht
nuair a thuit na tùir

chan eil cuimhne agam air an sgeul agad
ach gun tàinig tidsear àrd a-steach
is stad sibh an clas

lean sinn oirnn gun fhiosta

chrath mi beagan a bharrachd gainmhich bhuam,
beagan, is thuirt mi riut

bha an t-eagal orm air ais an sin
chuir mi mo chas air clach chealgach
is dh'fhalbh i
agus rinn tìm an rud ud
fhios agad
nuair a bhios tu tuiteam

beagan
bha an ath chlach ceart gu leòr
cha chreid mi gun do mhothaich thu

às aonais facail
      ach le sùil ri fàire sear
            leig thu osnadh 'uat.

Tha mi air na GIFichean a choimhead

A-rithist is a-rithist,
na mapaichean beòthaichte de dh'Alba

a' dearbhadh mar a chaidh sinn às an t-sealladh
ar n-àireamhan a' crìonadh
ann an sgìre às dèidh sgìre,
a' teicheadh dhan àird an iar,
gun sgur 's gun truas 's gun chiall
                      gorm,
             uaine,
      glas,
liath,
gus,
mu dheireadh thall,
geal

mar fheusagan air sùbh-làir grod
no leòn cho domhainn is gum faic thu an cnàimh
geal nan larbhachan lìonmhor
geal craiceann nan corp
bàthte is caillte fad deicheadan.

Agus thàinig e a-steach orm cho freagarrach
is a tha an dìth-dath seo,
gus an staid mhì-nàdarrach seo a riochdachadh
agus ar n-ainm ùr oirnn fhèin.

'S e an fhìrinn a th' aca.

Ghabh cus dhuinn a-mach dhan àird an iar
thar nan cuantan agus chaidh sinn nar gathan,
nar crainn is nar longan-cogaidh,
nar sgiathan is nar n-airm

ro dheònach buileach
gabhail ri aithne ùr,
a' tilgeil "Gàidheal" dha na tuinn
agus a' togail "Geal" far a' chladaich chèin.

Sùilean gun aodann

laigh ar speuclairean còmhla
air a' bhòrd taobh thall an t-sòfa
casan cama a' cromadh ri chèile
lùdagan laga bho iomadh fosgladh
gaoisnean (leamsa?/leatsa?)
glacte eadar adhbrannan
cumadail

sùilean gun aodann
is sinne an seòmar eile

tbh an aon solas neulach
faileasan an là a' sìneadh a-mach 's a-steach
ceathrar dhaoine dealain glaiste
ann an glainne eile
beagan sìthe
beagan sìorraidheachd

saoghalan gun aodainn
is sinne an seòmar eile

agus cuileag
sgìth de bhreugan na h-uinneige
a' dannsa air aghaidh nan naidheachdan

Muc-mhara mharbh

meirg an dubhain
muc-mhara mhòr
meall feòla gile
corp nach bòc

gun tòir na dheaghaidh
mòrachd fo smal
geàrr le gàire
fuil fo bhlàth

cnoc ola coma
le guidhe tonn
baile saille
brisibh fonn

libheadan leagte
oidhcheannan bàna
lòchrain àillidh
seo mo dhàn

Dlùth ri cliù

"lean gu dlùth ri cliù do shinnsre, follow close the fame of your forefathers, *supposed to be Ossianic, being said by Fingal to Oscar— a common motto for so-called Gaelic and Highland societies.*"
—Edward Dwelly

I
Dè a sheinneas ar beòil gun oideachas?
'S dè dhuinne an t-Òran Mòr?
Nach do dh'fhalbh e?

Dh'fhalbh am fonn air oiteag na camhanaich
is sinne a-nis a' feuchainn
ri rannan a shnaigheadh ri chèile
bho na bleideagan a thuiteas far nan duilleagan
is le bhith a' sùigheadh
ròpa na tobrach
a' bhucaid air a goid
ar beòil làn snàthainn.

Ged nach biodh an t-Òran Mòr
a-nis ach na thaigh-seinnse daor
ri linn fuadachadh na Pàirce,
fiù 's ged a chrìonadh
cànan Edein air bilean Bhabilonach
bhiodh sinn fhìn fhathast nar Gàidheil,
nach biodh?
Lean gu dlùth.

II
Seall an Gàidheal a' dannsa gun chiall
mar Sioux,
a thog a chànan bho ghlùin
leònte, ann an uisge nach sguir
a' sireadh fìor-uisge nach tig
's nach fhaigh sìth à pìob sam bith.

Seall Gàidheal an aodainn bhreacte
mar Māori,
a bhreacan dearg feargach
cath-làrach bhaiteil a chaith e
's air an do bhris gailleann ghàbhach
an fhuil chliùteach a' tighinn gu bàrr a-rithist.

Seall an Gàidheal.
Cho leisg is romansach
air mhisg is cho dathteach
cho borb is cho taitneach
ri tùsanaich eile
sam bith san sù
lean gu dlùth.

III
Coma leibh an còmhdach ùr,
'S coma leibh an còd,
'S na bithibh idir *so-called*.

Ach cuir do cho-chur
'son do chodach:
Togamaid ùrlar ùr.

Lean dlùth ri cliù do shinnsre
tro innse na fìrinne.

Bràistean dùra

Caithidh mi fhathast,
Ged as aithne dhomh
Mar as aithne do chàch
Nach deach an latha leinn,
Mo bhràist bheag dhùr.

Cha b' e tosgairean a bh' annta
A' bruidhinn às leth sluaigh
Cha robh iad nam miseanaraidhean
Ag amas air dùthaich dhubh dhùinte
A bharrachd. Cha robh annta ach
Sluagh-ghairm,
Teachdaireachd cho titheach ri peilear.

Tha fios gun deach mìltean dhiubh a sgaoileadh
Is barrachd air cus dhiubh
Rin lorg an-diugh aig bonn tiona no biona.
Chan eil ach aon air fhàgail agam fhìn.
Ach tha tighinn fodham gealltainn ri

Mo bhràist bheag dhùr,
Lasan beag dòchais
Air coilear *cagoule*.

Farewell

Air an Ochdamh latha phriont i
a-mach an cead-bòrdaidh Ryanair
agus thug i a cead-siubhail bhon drathair
ann an dorchadas na mochthrath

Air an Ochdamh latha fhuair i
bus chun an *aerfort*
oir cha robh guth aice
ri ràdh ri fear-tagsaidh

Air an Ochdamh latha ghabh i
deoch is poca Tayto Cheese
and Onion, is choimhead i
na bùird agus na litrichean dearga

Air an Ochdamh latha shuidh i
na cathair, anns an fhicheadamh
sreath, ri taobh pàiste
nach sguireadh a chaoineadh

Air an Ochdamh latha ràinig i
Liverpool.

Agus air an Ochdamh latha dh'fhàg i
Liverpool.

Air an Ochdamh latha thill i
a cead-siubhail dhan drathair
ann an dorchadas na h-oidhche.

So fare thee well, my own true love
When I return united we will be
It's not the leaving of Liverpool that grieves me
But my darling, when I think of thee.

Eaglais ann an Salta

Naomh Fransaidh
a' dèanamh searmon
ri pandamòinium nam piorraidean.

Àrd-ainglean le sròintean
Spàinnteach, bòtannan marcachd
agus musgan.

Moire Mhàthair phlàstair
a sheas ri crith-thalmhainn
gun smal oirre.

Air crann-ceusaidh
fiodha cactais, mac Dhè
a' cosg fleasg iteach.

Agus thar gach uile nì,
an Spiorad Naomh,
ann an cruth Condor.

An oidhche a shiubhail Leonard Cohen

An oidhche a shiubhail Leonard Cohen
chuir mi aghaidh-choimheach orm
's sìos a dh'ionnsaigh na h-aibhne
theich mi tron bhaile mhòr dhorch

An oidhche a shiubhail Leonard Cohen
las mi coinnlean òir ar gaoil
's dh'fheuch mi air do chridhe a bhriseadh
le bhith ga shuathadh trod chìoch

An oidhche a shiubhail Leonard Cohen
sheinn còisir cicadathan air Rue Marie Anne
Hineni, sheinn iad.
Hineni, a Rìgh.

An oidhche a shiubhail Leonard Cohen
spreadh bolgan air a' chrann-cheusaidh
dealain air mullach a' Chnuic Rìoghaile
is le cùram dh'fhuad mi gach preas bhom dheise

An oidhche a shiubhail Leonard Cohen
le maids las mi toit,
dh'fhosgail mi botal fìon dearg,
agus dh'èist mi ri fuaim mo nàbaidhean
ag argamaid agus a' gineadh.

An t-eas beag

Chuir mi car air an t-seann ghoc
agus sa chiad dol a-mach
bha e na luirg ghlainne,
bha e loinnreach, bha e foirfe, bha e tana
ach cha b' fhada gus an tàinig an fhianais
gur beò e, nuair a ghog e,
an uair sin tuisleadh nach rachadh às àicheadh.
Thàinig crith air
a dh'fhàs na bu truaighe
is na bu ghairbhe, a' spriodadh is a' sùisteadh,
a' tilgeil braon bhuaithe gus
mu dheireadh thall
bhris e, pìobair a' tachdadh.
Gliogar a-nis an àite nota
is cha tilleadh e a-rithist.
Boinneagan cho sònraichte 's a bha iad aonaranach.
Tricead a' teàrnadh le gach deur
gus nach robh air fhàgail agam
ach dòirteal bog.

A' cheòlraidh

Tha cuimhne agam air an fheasgar
a leugh mi Yeats dhi, gu h-èiginneach.
A' sìneadh a-mach Betlehem
fo sgàil Bheinn Ghulbain
a' crochadh Sìne Chracte
air crann cnàmha Ó Chonghaile
a' siubhal air long Shathairneach
is ged nach robh ùine
againn siubhal gu Byzantium
chòrd am fuaim rium.

Dhòirt mi tè eile dhi.
Cha robh i deònach leughadh dhòmhsa.

An uair sin chluich mi air m' fheadan
meòir a' plubadaich slighe
tro phuirt-chruinne is ruidhleachan,
ùrlar an aghaidh ùrlair
is ged nach robh ribhid
na bhroinn, gus nach cluinneadh
duine ach ise e,
bha am fonn soilleir gu leòr.

Dhòirt mi tè eile dhi.
Cha robh i deònach dannsadh dhòmhsa.

Sgeòil is geusagan, gun fheum.
Iomadh òran, gun fheum,
Iomadh Dòmhnall Ruadh, gun fheum.
Chuir mi a-mach an loidhne, gun fheum.
Sheall mi dhi dealbhan
a thog mi le m' fhòn-làimhe san Louvre, gun fheum.
Venus is Mona is La Liberté, gun fheum.

Còig mìle piogsail is ceud giog de chuimhne, gun fheum.
A' dòrtadh 's a' dòrtadh gus nach robh
boinneag air fhàgail nam bhotal.

Dh'fhàg i.
Dhòirt mi tè eile dhi.

Òran ime

Cha tuigear a' bhreisleach a rug mi
no astar nan astair a dh'imrich mi
no cuairteag mo chaochlaidhean.

Rinn fòirneart feòir uaine mi.
Rinn stamag inneil geal mi.
Rinn inneal eile cruaidh mi.
Rinn Là Bealltainn buidhe mi.
'Son sgillinn ruadh fhuair thu mi.
San àite fhuar ghlas thu mi.
Air madainn Luain ghlac thu mi.
Air bòrd glas dh'fhàg thu mi.
Fo chomhairle do sgithinn shìn mi mi fhìn.

Nach bu mhi a chunnaic bliadhna neulach?
Nach bu mhi a chunnaic dreagan
air uachdar Bheunas?

Marbhrann do dh'Iain F. Ceanadach

rugadh mi   liath nam fhlaitheanas
gràdh na cuthaige
     mar tha i
         ghnàth sa bhaile seo

    is annsa leam
guth   sa chainnt a thuigeas

Nam faighinn mo mhiann
's ann ann a stadainn   mo cheum a' leum le deòin

Na pìoba,
    fidheall
       tha 'n t-àm thar àm

Falaicht'
Cùirtean dùinte

ùpraid

Fo cheò
    is glagarsaich
       fanaidh mi tacan
           na mòr-bheannaibh
         mòr

chì mi

Ò.

Cuairt òran

Seasmhach nam bhrògan troma
madainn gun fheum, aig a' chidhe
feamainn a' grodadh gun ghnìomh
dà chorraig chorpaich mhosaich
stobte nam chuinnleanan
faoileag a' teàrnadh le gàire dhrabasta
oiteag ag iomain trealaich às an t-sealladh
do bhàta a' tarraing a-mach
agus grian ghoirt.

Tha mi làn
fhios gun do dh'fhàg dìleab na tìde
cuantan cianalais is cuairt òran dhuinne
ach tha cuan eile a' fuireach
air cùlaibh mo shùilean
a' bàthadh dhealbhan
is a' suathadh dhuilleagan.

Iolairean agus tairbh-allaidh

Nuair a chunnaic luchd-tèarmainn an uisge aig Standing Rock
treud thairbh-allaidh a' gabhail thairis an talamh a-rithist
gus cèilidh orra agus taic a thoirt dhan iomairt ac'

agus nuair a chunnaic iad an t-eagal a chuir an treud
air na feachdan armaichte prìobhaideach
iadsan a tha ag obair airson na nathaire duibhe
a thàinig o thuath gus milleadh gach loch is linne
leis a' phuinnsean dhubh
a tha ri lorg ann an tanca is cridhe gach beart-dhuine,
iadsan a shaoil gun robh iad
cho sàbhailte ri sgoil làn ghunnaichean,
agus gur e rud sàbhailte a tha sin,

thuig gach ball den treubh a bha an làthair air a' phrèiridh
gum b' e samhla a bh' ann.

Mar sin
nuair a chunnaic mi an dealbh air-loidhne
de iolaire mhòr Ghàidhealach os cionn corp daimh
's a sgiathan sgaoilte cho farsaing ris a' Chuan Bharrach,

agus ged a bhiodh am fiadh na shamhla de ghaisgeachd is chliù
san t-seann sgoil bhàrdachd agus nar còd duan-molaidh
chaidh an sgoil a dhùnadh agus na bàird a bhàthadh ann an teàrr

agus dh'fhàs na daimh reamhar is leisg,
nan dèideag airson Barain na h-Ola
agus na cinn-cinnidh gun chliù is gun sgot
samhla den aona-chultar, a chaitheas e fhèin
gus càch a chaitheamh nas sgiobalta,

thuig mi gur e samhla a bh' ann cuideachd

agus gu bheil feum againn èisteachd le ar sùilean
ri ar bràithrean mòra agus na h-òrain
a ghabhas iad air ar beulaibh
air dail mhòra ann an Eilean nan Turtar
agus anns na nèamhan os cionn Innse Ghall.

Ghearrainn dhìom an teanga seo

Ghearrainn dhìom an teanga seo
an teanga a thrèigeas mo dhleastanasan
's far an d' fhuair iomadh gealladh bàs

an fhèith
a chumas cho trang mi agus
a chumas mi cho trang

an teanga a stob mi nad bheul
gus stad a chur ort innse dhomh
fìrinn airson nach robh mi deiseil.

Ghearrainn dhìom an teanga seo
is dh'fhàgainn air do chluasaig i
na tiodhlac sìthe
an t-arm a leòn,
's am fear ciontach.

Agus rachainn-s' bhon àm sin a-mach
nam thost, le cinnt nach fhosglainn-s'
a-rithist mo bheul
air eagal 's gum milinn-s' mo lèine gheal.

München

Mac Dhè crochte air a chrann-ceusaidh gun aon smal
air ach làrach chaol air asna chlì mar a dh'fhàgadh ealtainn.
Gun sealladh pian air bilean, sùilean Dhè dùinte fad
mionaid a-nis, sìnte gu sìorraidh, bhon aon chraoibh shnaidhte.
Ged nach robh am pian ga snìomhadh agus mìle sruth fala
ga stialladh mar iodhalan na Spàinne, bha i fhathast ann.

Thill am feur chun na ceàrnagan caismichte, bìdeagan
maoth uaine air làmh-an-uachdair fhaighinn air dealbhan
cloiche is cruadhtain mhic an duine, (dealbh aon mhic co-dhiù)
far an deach saidheans is saiceòlas is ficsean is eachdraidh nan luibhre
ach thill am feur. Cha toil leothasan am feur oir chan èireadh mac-talla
nam bòtannan dubha bhuaithe, ghlacadh is dh'itheadh iad am faram aca.

Dhìrich mo dhruim gun iarraidh a' coimhead film den chaismeachd
ris an urrainn dhuinn gàire a dhèanamh an-diugh. Anns an deagh
chathair Chaitligeach dhùin mi mo shùilean airson mòmaid
fo do chrann-ceusaidh mòr fiodha agus dh'iarr mi do mhathanas.

Eilean nan cuileagan

Bratan tana agus tì bhog a' bhlais iarainn
an t-àile blàth is tiugh
le tàirneanach nam bagaichean dubha

agus is lìonmhor na cuileagan odhar.

Bilean tiorama a' seinn
's a' searmonachadh air droch chliù
sìos gach ginealach goirid
mar a thachair 's mar a thachras
mar athair 's mar athair-san
bainne blàth a' ghoileim

agus is lìonmhor na cuileagan odhar.

Thugainn.

Air leathad, bidh seann slige itealain
ga spìonadh fhèin le lùths a' gheamhraidh
a' sleamhnachadh conair sìos an t-sliosa,
a' sireadh taigh-losgaidh baile na tràghad.

Calum L. MacLeòid

Rudeigin toibheumach, 's dòcha, ach glè nàdarra

Dihaoine, an naoidheamh là deug den t-Sultain
Dà mhìle agus a ceithir bliadhn' deug an dèidh Chrìosta

Dh'imich iad a-mach,
agus chaidh iad a-steach do luing air ball;
agus cha do ghlac iad nì air bith an oidhche sin.
Ach an uair a bha a' mhadainn a-nis air teachd,
sheas e fhèin air an tràigh:

An sin thubhairt e fhèin riu',
A chlann,
am bheil biadh air bith agaibh?

Fhreagair iadsan e,

Chan eil.

Ceann goirt

Ceann goirt 's an còrr
an-diugh a ghràidh.

Bliadhn' ùr mhath
agus bliadhna mhath ùr
fhathast a' cur ceann
mun cuairt na h-ursainn
coigreach lìogach
a' tighinn
       eadarainn
is gun fhiosta dhuinn
is na shuidhe a-nis
rim thaobh air an t-sòfa
a' gabhail drama.

Dè th' aige dhuinne,
fo a chòta?

Nach robh duine eile
an seo dìreach mionaid air ais?
Cà deach esan?

Coma.

Thoir a-nall a' *remote*
is gabh
drama bhuaithe.

Bithidh cùisean nas fheàrr an turas sa.
Bithidh iad eadar-dhealaichte.

An t-eilthireach deireannach

aig fèis *EDM* is *hip-hop*
an Vieux-Port de Montréal
anns an Fhaoilteach dhorcha
sneachd a' dòrtadh air a' chidhe
ag òl bho bhotail Canadian Club
a chleith mi fom chòta-bèin

cha b' urrainn dhomh ach
smaointinn orrasan,
na Gàidheil a thàinig ron
eilthireach dheireannach seo
agus a landaig air an dearbh
chala seo 's dòcha,
às dèidh dhaibh,
aig a' char as lugha
an Cuan Sgìth fhulang,

agus dè thug ort fàgail?
dh'fhaighnich iad rium
na taibhsean am meadhan an t-sluaigh
a' toinneadh ri buille a' chiùil

cha do dh'fhuadaich gort no uachdaran
no bochdainn no Thatcher mi
's cha b' ann airson beartas
no cliù na h-ìmpireachd a choisinn

ach theich mi bho dhùthaich nach b' aithne dhomh
agus a dhearbh sin dhomh ann an dà reifreann,
oir b' fheàrr leam a bhith nam choigreach
ann an tìr chèin

cha bhiodh iad dham thuigsinn
ach cha bhiodh sin cho neònach
anns an tìr ùir seo

far nach do thuig iad cus
agus nach do thuig cus iad
's far nach do thuig mise cus
is far nach do thuig cus mise

agus 's dòcha gur e
buaidh a' chiùil
no am fuachd do-chreidsinneach
no dìreach an droch dheoch a bh' ann
ach thàinig e steach orm an uair sin
nach robh àite sam bith eile
far an robh còir agam a bhith
air an t-saoghal

an oidhche ud co-dhiù

An sàr shaighdear Havel

mar chuimhneachan air Roinn Eòlais Slàbhaich, Oilthigh Ghlaschu

Bha sinn a' tilleadh bho mhargaidean Nollaige
gàirdeanan làn dhèideagan
cinn làn *medovino*
nuair a thòisich cluig nan cathraichean a' bruthadh
agus sluagh a' tighinn còmhla air Ceàrnag Wenceslas
le aodainn shòlaimte
le brataichean mheileabhaid
le coinnlean saora
le dìtheanan plastaig
agus le sàmhchair.

Bodhar le *Anglicky*,
cha do thuig mi.

Shaoil mi gum b' e dìreach,
uill, seòrsa de thraidisean a bh' ann
dòigh aca an Ceathramh Dòmhnach
den Aidbhein, 's dòcha, a chomharrachadh.

Thill sinn dhan taigh-òsta
chùm iad orra a' leantainn
an rathaid
gu coisrigeadh leaghaidh oifis an leaghaidh.

Cnag na cùise

gràinne gaineimh nach fhaic mi
air chall ann an gleannan bàrr meòire
air a goid gun fhiosta, gun chiont
chan e meanbh-mholag a th' innte
ach mac-talla cnàmha
's cha dèan glanadh làimhe a-mhàin a' chuis oirre

thog a leithid iomadh baile dùn-gainmhich
nan measg am fear far an do thachair mi,
air an allaban, air claigeann eòin
nach aithnichinn, fiù 's e beò

socaidean làn uabhais èibhinn
deas shuthainn, alabastar, foirfe
nam làimh.

lìon seo mo cheann mar ghlainne-uarach
le gaoir teichidh is cnàmhaidh
faoileagan, fangan is criomadh foighidneach na tràghad
agus mise nam sheasamh
nam bhalg lapach feòla is briseadh dùile

ach fhathast tha
gràinne gaineimh nach fhaic mi
air chall ann an gleannan bàrr meòire
air a ghoid gun fhiosta, gun chiont
chan e meanbh-mholag a th' innte
ach mac-talla cnàmha
's cha dèan glanadh làimhe a-mhàin a' chùis oirre

foirfe nam làimh

Leis nach eil mi nam laoch

Uair dhan robh an saoghal
thuit mi nam chadal nam chill.

Thachair gun tàinig
an toiseach na h-eòin.
Cha robh ri chluinntinn
ach an ceilearadh neònach
ceilearadh gun tàmh
ceilearadh gun fhonn
aig uinneag bheag mo chill
mìltean thar mhìltean dhiubh
nam faileasan ioma-dhathteach
gun oir gun chrìoch
domhan fèin-ùrachaidh
goban ag obair gu h-obann,
creutair gluasaid, adhair, is fuaim.

Thachair an uair sin gun tàinig
nigheanan cèine nan cuipichean
fallaing dhearg
fallaing uaine
fillte còig tursan
bòtannan àrda dubha
iallan is barraillean
a' dannsa mu thimcheall
gam chuairteachadh gu teann
fad còig latha is seachd oidhche.
Trom is orm.

Mar as àbhaist dhèanainn a' chùis orra
gheibhinn làmh-an-uachdair
sgaoileadh iad
theicheadh iad

ach uaireannan
chan urrainn dhomh.

An aghaidh mhòr a-rithist

An taiseachd is an sneachda
an ceò is na neòil,
geal thar gile
nar n-aghaidh ag obair
's a' fealla-dhà, a-mach air saoghal
nach deach a ghealltainn dhuinn.
Chuireadh faire cho falamh
an t-eagal taitneach oirnn
mura robh e breacte
bho àm gu achadh
le caoraich bhuidhe iongair.

'S ann anns a' mheadhan a bha e,
a' tilleadh gun teagamh
tro a dhùthaich,
tro a cheò
tro a ghilead
chun an Dingwall aigesan
na shuidhe à sealladh
a chasaid a' lìonadh carbad na trèana
a-mach air na sanasan ùra,
ar sleaghan Spartannach,
a' soilleireachadh a chompanaich,
a bhlas, a ghuth,
a chainnt, a chànan,
làn cinnt an aithriseir

agus m' fhuil a' gairm iorram
trom
tromham.
Tro thunailean is fhèithean
ri ruitheam a thuaileis.
Òrain gràine.
Òrain nàire.

Shuidh mi air an trèana.

'S fhada on a ràinig sinn
ar dùthaich chèine is cinn-uidhe
's mise fhathast ag èisteachd riutha
's fhada on a leagh mo *headphones*.

Thusa anns an amar

Do chorp is d' anam fialaidh
air ùr èirigh às an uisge

do dhorsan fosgailte
sealladh ceòlmhor
ceò a' tòcadh bhuat

sàmhchair a' tighinn air an inneal
bheag chiallach nam chlaigeann

agus is mise
mar mo mhòr-chuid
uisge blàth

Stiùiridhean

I
Fosgail Word.
Sgrìobh "Gàidhlig."
Dùin e agus nuair a thèid iarraidh ort, sàbhail e.
Fosgail a-rithist e. Sgrìobh facal eile. Facal sam bith.
Put an crann geal san achadh dhearg ann an oisean na sgrion gus a dhùnadh a-rithist.
Freagair a' cheist.

II
Lìon Twitter làn botaichean Gàidhlig.

III
Lorg susbaint freagarrach.
Cruthaich corp-criadha de Cheann-suidhe nan Stàitean Aonaichte dheth.
Stop e eadar clachan ann an abhainn luath.
Èist ri crònan an uisge is e ag aontachadh leat ann an co-fheall.
Till dhachaigh.
Coimhead na naidheachdan gach latha agus faic buaidh an uisge air an duine fhèin.

IV
Diùlt *marketing calls*, *canvassers*, is *spam* nach eil deònach freagairtean a thoirt bhuat anns a' Ghàidhlig.

V
Iarr air a' Bheeb do phàigheadh.

VI
Lorg cill no bothan.
Glas an doras.
Dubhaich na h-uinneagan.
Laigh sìos air an ùrlar.
Cuir clach air do stamaig.

Fan anns an dorchadas gus an tig dàn thugad
no IBS.

VII
Dèan aoine
Diciadain agus Dihaoine.

VIII
Sgrìobh teachdaireachd.
Litir dhut fhèin anns an àm ri teachd.
Crìochnaich am botal ud a thòisich thu an oidhche roimhe agus
a bha a' feitheamh ort nuair a nochd thu madainn an-diugh.
Stob an litir na bhroinn is faigh lioft chun na mara.
Tilg bhuat e.
(Ma nì sinn uile seo gheibh co-dhiù aon neach lorg air a' bhotal
aca fhèin anns an àm ri teachd.)

IX
Lorg agus pòs bean.
Ceannaich taigh dhi.
Taigh faisg air allt.
Ceannaich siabann.
Glan do lèintean fhèin agus bi taingeil gu bheil a leithid de
bheartas saoghalta agad.

X
Inns breugan beaga dhan Riaghaltas agus dhan Phoileas
gach latha.

XI
An ath thuras a thòisicheas do nàbaidhean ag èigheachd
ge bith dè 'n t-adhbhar
no dè 'n seòrsa èigheachd a th' ann
tog film den t-seòmar agad fhèin,
cho falamh, cho sìtheil, cho tùrsach.

XII
Eadar-theangaich roinn nan *comments* air làrach-lìn an *Daily Mail*
dhan Ghàidhlig.
Freagair gach teachdaireachd ùr le eadar-theangachadh.
Mar sin air adhart.
Gus am bris an latha
no an t-eadar-lìon.

XIII
Na lean stiùiridhean sam bith.

Cànan nan cnoc

Canaidh mise
cnoc
mar a chanas mo sheanmhair
làrach-lìn.

"Cnoc. Dè as ciall dhan fhacal sin na aonar?
An e sgòrr no tulach a bh' ann?
Tòrr no,
meall no monadh,
stùc no druman,
dùnan no torran
tiùmpan no fireach
sliabh no aonach
fàire no srònag,
cnap no cruachag?

An robh e
garbh-shliosach
no tulchlaonach?

An robh sgàirneach air?
An robh coire?
An robh ceatha,
no lèanag, no làbach no mainnir?"

"Chan eil fhios agam. Dìreach cnoc a bh' ann."

Dìreach cnoc.
Amadan bochd.

Slàn

Ga bhualadh fhèin gus cinnt a dhèanamh
gun robh e buileach slàn
gach rud na àite, gach nì an òrdugh.
Sporan. Iuchraichean. Fòn.

Deas-ghnàth cudromach,
bhith cuimhneachadh nan tòtaman
agus na bhuannaich iad dha.
Sporan. Iuchraichean. Fòn.

Gach madainn aig an doras,
a' fàgail na h-oifis,
fàgail a' phub, tagsaidh, 's an club.
Sporan. Iuchraichean. Fòn.

Trianaid luachmhor
nach robh e airson a chall.
Abair creach a bhiodh ann.
Sporan. Iuchraichean. Fòn.

Sporan. Iuchraichean. Fòn.
Sin agad e.
B' e sin na lorg iad
air fhàgail ri taobh a' chanàil.

Ola feusaige

Nuair a cheannaich thu dhomh
an ola shònraichte
airson m' fheusaig chruaidh bhrisg
cha do chreid mi gun dèanadh i
dad a dhiofar
rim roc sgealbach.
Ach seachdain bhog às dèidh làimhe
chaidh mo ghathan nan còinneach
agus thàinig e a-steach orm
nach b' e a nàdar ach a cor
as coireach.

Innsidh tu dhomh—nach inns—
ma thòisicheas do ghnùis bhith ag ionndrainn
mo sgùraidhean?

Lùths

Feumaidh mi aideachadh nach eil
cùisean cho math eadarainn an-dràsta.
Cha chreid mi nach do chaochail rudeigin.

Tha cuimhne agam.
Choisicheadh mi a-steach gu seòmar sam bith
agus bha e coltach ri toiseach *Star Wars*,
spreadhadh pràise a' briseadh sìth fànais.

A-nis, ge-tà,
uaireannan
tha fios nach eil barrachd spòrs
aice na h-aonar.

Tha e mar gun tàinig sgleò thairis orm,
gar dealachadh.

Thuirt i rium
gun do chaill mi an dealan
bho chùl mo shùilean.

'S nach eil an aon lùths agam.
Bidh cùisean taghta ge-tà.
Ceannaichidh mi bataraidhean ùra dhomh fhìn a-màireach.

Manifesto

Aithnicheamaid. Aidicheamaid. Altramaicheamaid.
Atharraicheamaid. Àrdaicheamaid. Aidicheamaid.
Brosnaicheamaid. Bualamaid. Buaineamaid. Cluicheamaid.
Cluinneamaid. Creachamaid. Dealbhamaid. Dèanamaid.
Deàrrsamaid. Èireamaid. Èisteamaid. Èigheamaid.
Faighnicheamaid. Feuchamaid. Foghlaimeamaid. Guidheamaid.
Gràdhaicheamaid. Gairmeamaid. Iarramaid. Imricheamaid.
Ìslicheamaid. Leagamaid. Losgamaid. Leaghamaid. Milleamaid.
Meallamaid. Molamaid. Naisgeamaid. Nàraicheamaid.
Nigheamaid. Òlamaid. Oillticheamaid. Òraicheamaid. Putamaid.
Pronnamaid. Prògramaicheamaid. Rachamaid. Ruitheamaid.
Reubamaid. Seinneamaid. Strìtheamaid. Spùinneamaid.
Trodamaid. Tàirngeamaid. Tanaicheamaid.

Ullaicheamaid. Ùraicheamaid. Ùmhlaicheamaid.

Dàin Toronto

A' chiad latha

Cagaran Gàidhealach sgapte
air feadh an àite
MacTallan MhicTalla
Alba contra-fhìrinneach
dùthaich nach do thachair.

Ach thachair,
agus mise a-nis an làthair
an Sràid Naomh Anndra
teis-meadhan Baile na Sìne.

Niagara

Abair òcrach.
Bothain-gunna-froise
is rathaidean reamhar
cabhsairean air an ithe
Taighean-òsta
Taighean-siùrsachd
Taighean-tasgaidh *rock 'n' roll*
Fast food agus slaodanaich.

Dà dholair 'son greiseag
air prosbaig doilleir
troimh nach fhaca mi ach
crèis air an lionsa.
Abair òcrach.

Seall na thug am Freasdal dhaibh
is na thagh iad a dhèanamh leis.
No an e dìreach Tìr nan Saor
a' sgeitheadh a th' ann?

Sràid na h-Eaglais

Taigh Dhè
Taigh Dhè
Taigh Dhè eile
ann an sreath dealrach
mar thionaichean teatha
air sgeilp uinneig bùtha
gach tè làn bholaidhean deimhinne
is blas saoghail na bu shine.

A-steach.
Is beath' dhomh na beàrnan.
Cha do dh'èirich cumhachd cathrach sam bith
à faclan no òraid.
Dh'èirich e bhon t-sàmhchair
bhon bheàrn shònraichte
eadar am mullach sgoinneil snaidhte
agus a' chlach-ghlùin chlaoidhte,
raon-cluiche airson tùise is duslaich,
is e mòrachd chathrach
mòrachd na beàirn.

Agus a-mach a-rithist
gu Sràid na h-Eaglais
coitheanal nan taighean seo
fo sgàil nan tùir ùra
faileasan a' fàs fhathast
doire am measg *redwoods*
a dh'fhàs, mar-thà, mar a chithear.

Agus mullach na mòr-thìre
taisbeanadh nimbusach
dannsa duslaich nas dorra a mhothachadh.

Bho thùr, gu tur

allt eile
Sràid Yonge
mu thuatha
mas fhìor
fìor thuatha

gam tharraing

gaoth eile
shuas an seo
a' fuadachadh fhaclan
is leisg-bheachdan

seall
an saoghal ùr
coma
gabhaltach

Am fàileadh

Dh'fhàilticheadh fàileadh àraid sinn
gach uair a thilleadh dhan flat
as miosa anns a' chlobhsa
ach cha b' ann an sin a dh'fhan e

fàileadh olc le faobhar milis
mar fhìon le galar na h-àirce
a' gearradh cùl ar cuinneanan
gu h-obann is le gàire

adhlaichte àit' nach buin dhomh
dubh domhainn nam chuimhne
bha seòrsa eòlais agam air
gun ghuth 's gun sgur a ghuidhe

's dh'fheuch sinn a bhith ga bhàthadh
le fàileadh ar gaoil 's ar ciall
ach a dh'aindeoin iomadh oidhirpe
cha do shoirbhich sinne riamh.

A' feitheamh eadar siotaichean
eadar aisling is eadarainn
a' cleith eadar soithichean,
coiridh Haoine is pasta Chiadain

air falach air cùlaibh an dorais ud,
nach dùineadh ceart buileach gu bràth
mar chnapan, can, balach beag
is e airson eagal a chur air athair.

Cha robh càil agam ri chuir a-mach
nuair a leugh mi treis às dèidh sin
agus dh'ionnsaich mi ainm an fhàilidh
's cuin a shaoil iad a chaochail i.

Àrd-togte

tro dhuilleagan beaga beithe thuit gathan
air na crìochan eadar iadsan agus na luis
taobh tuath a' ghuirm-rathaid tron choille thiugh
chan fada a-nis gu ruige an nuin mhòr
air leac an t-seallaidh aighearaich

agus dh'fhosgail Martin a threas tiona Fosters
agus thilg e tòin fag chun a' phris

leis gun robh *points* nach gann air cead-dràibhidh
MhicCoinnich, agus bha ùine aca
agus mar sin choisich iad
bhon flat aige fhèin agus Iain Tartar Sauce
thar na drochaid, sìos an rathad mòr, suas an cnoc
agus tron a' choille, chun na lice
choisich na gillean uile còmhla bhon flat,
a bharrachd air Patrick, a-null an Iraq fhathast,
is Gordon, an Doha no Dubai no a leithid
uile còmhla bhon flat chun na lice

meadhan an fheasgair
airson seasamh am fianais an tachartais seo

a' sealltainn sìos air an t-seann togalach,
flataichean àrd-togte,
uill cho àrd 's a rachadh an togail
an Inbhir Nis rèidh
an seann taigh a' mhòr-chuid dhiubh
is seann raoin-chluiche chàich

far an do ...

is far nach do ...

dùinte a-nis,
bòrdte, deasaichte

deiseil is deònach,
ribeannan oraindse
a-nis ga chuairteachadh
mar thiodhlac

bha ùine aca air an lic
is e bha math

is ged nach d' fhuair Fergie ach bìdeag,
is an *gadgie* a bh' aige gun fheum,
agus ged nach robh Davey toilichte idir
leis na fhuair iad airson Boyd is Miller,
an coimeas ri na fhuair iadsan airson McGeady
cha robh coimeas ann,
agus ged a bha Alasdair ag obair,
split shift an donais, a-màireach,

chaidh aontachadh gum b' e latha
math air a shon a bh' ann

a-nochd bhiodh pàrtaidh 18mh bràthair beag Donnie san Chieftain
agus bhiodh nigheanan Crown ann an G's,
no ge bith dè t-ainm a bh' air a-nis,
agus an-dràsta tiona no dhà
beagan ceò milis
agus seallaidhean fon sùilean

a' chiad deireadh-sheachdain
mòr den earrach

eil cuimhne agaibh,
                                       thòisich cuideigin ach
chuir tuiteam an togalaich stad air an smuain ud
chualadh 'crac' mar rudeigin a' briseadh
agus dh'ith neul fùdair an togalach

rinn duine no dithist dhiubh èigheach
nuair a theàrn an neul, b' urrainn dhaibh faicinn
gun robh na craobhan air a' bhruthaich air an liathadh leis
agus nach robh air fhàgail aca ach còig tionaichean

Àm fàgail

Tha e doirbh dhomh a chreidsinn
nach tig crìoch air àite cho luath 's a dh'fhàgas mi,
gum bi sràidean a' bhaile cho lòma-lan oidhche Haoine,
is clann na dighe 's an dannsa a' feitheamh
ann an ciudhan buana taobh a-muigh an ABC,
is an Den agus an Loft agus FUBAR,
gum bi còmhlan a' gleusadh
ionnsramaidean is ampaichean
ann an King Tut's agus Tìr nam Barachan

is gum bi luchd-obrach nan seasamh airson trèanaichean
ann an Cowcaddens agus Paral-lel,
Marjanishvili agus Farringdon.

Gu bheil margadh Noryangin
cheart cho trang ris a' Bhasàr Mhòr
is gu bheil cuideigin, math dh'fhaodte
na shuidhe a-nochd, nam shèithear-sa
anns a' Phàirc.

Oir bidh iad, ach bidh
às aonais mo chead-sa.

Gach aodann a chunnaic mi
is nach fhaca.

Oir tha mi a' tuigsinn a-nis
nach urrainn dhut tilleadh.
Uair no àite sam bith.
Chan urrainn.

Dh'falbh i
nuair a
dh'falbh mi.

Geàrr

sileadh a' Ghearrain
tunnag na rìgh gun fharpais
thar Chluaidh bhalbh

sileadh a' Ghearrain
stàilinn mheirgeach às dèidh
Faoilteach gun aiteamh

sileadh a' Ghearrain
Kelvin sradagach odhar
easgann air bhioran

sileadh a' Ghearrain
a' daingneachadh 's a' sgapadh
iomadach aonadh

sileadh a' Ghearrain
chithear calltainn an oilthigh,
spreadhadh màirnealach

sileadh a' Ghearrain
na laighe dealaichte bho
shileadh na h-oidhche.

Na Fir Chlis agus Cupa Stanley

Nos bras meurtris vous tendent le flambeau,
à vous toujours de le porter bien haut.
 —motto nam Montréal Canadiens

Saoil an robh fios aig do shinnsear
nuair a chuir e sìos a phleadhag
agus a thog e caman àraid na h-àite
gum biodh tusa, *cher* Canadien,
a' coisinn do shaoghail
a' spèileadh air rioncan-eighre
seach a bhith siubhal na h-aibhne?
Thuigeadh an *voyageur* ud,
nach robh thu ach a' leantainn an dearbh loidhne,
sgrìobhte gu fann na fhuil is na chnàmhan,

Agus cha chuireadh e iongnadh air ionnsachadh
gu bheil thu nas cofhurtaile air an deigh
nan talamh trom, an talamh slaodach a chuireas bacadh ort
le gach ceum, a' slaodadh air d' adhbrainn
is cuideam do bhodhaig, agus gu bheil
fad an t-siubhail rudeigin a' cagarsaich riut,
ag ràdh nach deach do dhealbhadh airson coiseachd,
's nach eil an tìr-mòr ach na chnap-starra dhut,
gach turas a thogas tu do chasan geura
's gu bheil còir agadsa gluasad mar shleagh
a thilgeadh ris an nàmhaid na dhùn
no mar chàirneach tron adhar
no mar churachan tron bhrath-shruth

A' siubhal, mar do shinnsearan,
ach nad dhòigh fhèin,
air dà sgithinn a' sgiath
bradan aighearach aigneach nan Habitants,
darach dalma dàna nan Québécois.
Is tu nach robh diùid aig àm sadail nan làmhainn

mar dhannsair ballet ann an trusgan armachd
cheart cho deiseil airson sèisteadh no Stravinksy

Aon uair 's gu bheil agad ri stad,
d' fhaobharan a' gràbhaladh cladhan co-shìnte
's a' stealladh mharcan-sìne nad làrach coise
air no a' bualadh le torrann ri taobhan na rionc
a' cur crith air na crìochan trìd-shoilleir,
's ann an cridheachan brisg a' choitheanail
a bhios a' cuartachadh an loch fuadain reòthte seo,

Èistidh sinne ris an ùpraid eireachdail,
spèilean a' sluaisreadh an uisge
air uachdar na deighe, a' reothadh 's a' leaghadh
's a' reothadh a-rithist, is dà sgioba a' pùcadh suas
an rionc is sìos an rionc is suas an rionc a-rithist
agus fad an t-siubhail na bataichean a' glagadaich
is a' stararaich, gun sgur, gus
gairm
mar bheathach air a leòn le peilear.
a' ciallachadh tadhal.

Agus aig ceann thall a' ghèama
tillidh sinn dhachaigh
dha na fo-bhailtean
nar càraichean mòra.

Ach a-nochd, *cher* Canadien, agus Cupa Stanley
air teicheadh bhuat bliadhna eile,
agus na sùilean dubha gach camara a-nis dùinte,
tha fios agam gun till thusa
nad aonar
chun na rionc.

Agus nad chuimhne, tillidh tu dhan àite
far an do dh'ionnsaich thu do chiùird
's far an do dh'èist thu 'son a' chiad uair
ris an loidhne a chuir d' fhuil a-mach,
àite gun bhallaichean no sanas-reic no tagaichean-hais
fìor dheagh astar mu thuath air a' Chanada sin
àite far an robh an deigh robach
far nach cluinnear a' Bheurla
agus a' choille shìorraidh mun cuairt ort.

Agus os do chionn
na Fir Chlis a' spèileadh
air an rionc reul-bhreacte acasan
suas agus sìos agus suas a-rithist
's iad a' deargadh na h-iarmailt airson spòrs.

Bhon Phlateau dhan a' chladach

Agus nuair a tha mi air eòlas fhaighinn
mu dheireadh thall air an t-saighead
dham b' ainm an cianalas

tro bhith ro thric ag èisteachd ris Na Dùrachdan
is gun fhacal Gàidhlig a chluinntinn,
nach do dh'èirich far mo bhilean far bilean mo choimpiutair

dùinidh mi mo *laptop* 's togaidh mi a-mach
nam aonar 's bheir mi sùil thar sràidean dìreach MTL
bhon Phlateau dhan a' chladach agus nì mi
air bruthaichean an Naomh Labhrainn

far an urrainn dhomh cuimhneachadh
gum bi an abhainn seo a' ruith
a dh'ionnsaigh an dearbh cheann-uidhe
ris a' Chluaidh.

MUN ÙGHDAR

Rugadh agus thogadh Calum L. MacLeòid ann an Inbhir Nis. Chaidh e dhan aonad Ghàidhlig aig Bun-Sgoil a' Mheadhain, Àrd-Sgoil Allt a' Mhuilinn agus an uair sin Àrd-Sgoil Sheumais Ghilleasbuig ann an Dùn Èideann. Tha ceanglaichean làidir aig Calum agus a theaghlach ri Barraigh, gu h-àraid ceann a tuath an eilein agus dh'fhuirich e an sin greis nuair a dh'fhàg e an àrd-sgoil. Rinn e ceum ann an Gàidhlig aig Oilthigh Ghlaschu.

Chuir e seachad còig bliadhna ag obair airson Ball-Pàrlamaid na h-Alba agus an uair sin airson Ball-Pàrlamaid, agus bha e gu mòr an sàs san iomairt airson neo-eisimeileachd anns an reifreann ann an 2014.

An-diugh tha e a' fuireach ann an Montréal còmhla ri a bhean agus an nighean aca. Bidh e a' sgrìobhadh nobhailean Gàidhlig agus tha colbh aige anns a' phàipear-naidheachd *The National*. Nochd a' chiad nobhail aige *A' Togail an t-Srùbain* air geàrr-liosta Duais Litreachais Comann Crann na h-Alba: Ciad Leabhar na Bliadhna.

Tha e air a bhàrdachd a leughadh air feadh Alba, ann am Poblachd na h-Èireann agus ann an Canada cuideachd. 'S e seo a' chiad chruinneachadh bàrdachd aige.

A' co-cheangal leughdairean ri cànan
is cultar na Gàidhlig air feadh an t-saoghail

Airson tuilleadh leabhraichean, tadhailibh air

bradanpress.com

www.ingramcontent.com/pod-product-compliance
Lightning Source LLC
Chambersburg PA
CBHW020547080526
44583CB00013B/1033